Ingrid Moras

LUSTIGE TIERE ZUM SCHIEBEN UND ZIEHEN

MIT VORLAGEN IN ORIGINALGRÖSSE

Brunnen-Reihe

Christophorus-Verlag

Wer sein Tierchen liebt ...
der schiebt,

ist das Motto dieses Büchleins, das zugleich den inhaltlichen Schwerpunkt aufzeigt: Schiebetiere. Ziehtiere sind bei kleinen Kindern zwar ebenso beliebt wie Schiebetiere, aber wohl deshalb etwas ungünstiger, weil sich die Kinder immer nach hinten umblicken müssen, um ihr Tier zu sehen. Die Gefahr zu stolpern ist damit viel größer. Bei Schiebetieren haben die Kinder den Stab, an dem das Tier geführt wird, fest im Griff und das Tier im Blickfeld, ohne den Weg aus den Augen zu verlieren. So entgeht den Kindern weder das Wackeln des Nilpferdkopfes noch das Drehen des Schneckenhauses oder der Papageienflügel und auch nicht das Rotieren der Maulwurffüße.

Viel Bewegung mit einfachen Mitteln, vor allem aus Pappe und Papier, kann man mit diesen Tieren in den Wohnbereich bringen. Aufgrund ihres nässeempfindlichen Materials gehören alle Modelle zur Gattung „Haustiere" – nur wenige Tiere mit Holzfüßen, wie z.B. der Hund oder die Katze, können bei Sonnenschein auch draußen ausgeführt werden.

Dieses Buch wendet sich an alle älteren Kinder und an Erwachsene, die kleinen Kindern im Bekannten- oder Verwandtenkreis durch etwas Selbstgebasteltes eine Freude machen wollen.

Material und Hilfsmittel

Reborn-Karton, Bristolkarton, Fotokarton, fester Karton, Karton mit Wellpappeneinlage, Tonpapier, Buntpapier, Seidenpapier, Japanpapier, Wellpappe, Plüsch, Moosgummi, Perlen, Papptüten, Plastikringe, Watte, Bierdeckel, Rädchen aus Moosgummi, Holzkugeln, Holzräder, Schraubverschluß von Flaschen, Knöpfe, Holzleisten, Rundstäbe, Schaschlikspieße, Plastiktrinkhalme, Holzstücke, Pinnwandnadeln, Korken, Papprollen, Pappdosen, Zwirn, Nylonschnur, Draht, Musterbeutelklammern, Filzstifte, Bleistift, Plusterfarben, Bastelfarben, Zange, Lochzange, Säge, Cutter, Pinsel, Fön, Nähnadel, Schere, Kuchenteller, schnittfeste Unterlage, Klebeband, Klebestift (z. B. UHU stic), Kraftkleber (z.B. UHU Alleskleber Kraft), Heißkleber (z. B. UHU pistole LT 110 XL)

Anmerkung: Scheren und Klebstoffe werden bei allen Bastelarbeiten benötigt und deshalb bei den einzelnen Beschreibungen nicht jedesmal aufgeführt.

Das Kleben

Die Verwendung der Klebstoffe läßt sich folgendermaßen einteilen:
Klebestift – für alle Verkleidungen und das Anbringen der Motivteile am Körper
Kraftkleber – für die Verbindung von Rad und Achse (Rundstab)
Heißkleber – für die Verbindung von Körper und Stab, an dem das Tier geführt wird (Holzleiste).

Hinweis: Bei der Verwendung von Heißkleber ist die Hilfe von Erwachsenen erforderlich!

Ein Schiebetier muß rollen

Damit ein Schiebetier gut vorankommt, braucht es Räder. Im Hobby-Fachhandel gibt es Holzräder, Holzkugeln und Moosgummirädchen zu kaufen. Aber auch selbstgebastelte Räder aus Bierdeckeln oder Karton drehen sich gut. Wichtig ist, daß die Räder fest mit der Achse verbunden sind. Wenn sich das Rad dreht, dreht sich die Achse mit. Deshalb braucht sie Spielraum in den in den Tierkörpern angebrachten Löchern. Die Löcher sollten deswegen immer etwas größer sein als der Durchmesser des Rundstabes (= Achse), und ihre Ränder sollten möglichst geglättet sein. Dies erreicht man zum Beispiel, indem man einen Gegenstand, etwa einen Bleistift, mehrmals im Loch herumdreht. Das Loch im Rad dagegen darf keinen Spielraum haben. Es sollte mit einem spitzen Gegenstand unter Drehbewegungen nur gerade so groß gebohrt werden, daß der Rundstab noch feststeckt. Um das Rad auf der Achse zu stabilisieren, kann es zwischen zusätzliche kleine Kartonscheiben, die auf den Rundstab geschoben werden, eingeklebt werden. Benützen Sie dazu einen Kraftkleber, der eine dauerhafte Verbindung garantiert. Achten Sie darauf, daß die Räder senkrecht ausgerichtet sind, bevor der Kleber anzieht. Um eine Reibung der Räder am Körper zu vermeiden, kann es notwendig sein, „Abstandhalter" in Form von Perlen oder kleinen Kartonkreisen zwischen Rad und Körper zu schieben.

Ein Schiebetier muß geführt werden

Jedes Schiebetier braucht einen Stab, an dem es geführt wird. Eine Holzleiste mit den Maßen 0,5 cm x 1 cm ist so schmal, daß sie überall eingebaut werden kann, und stabil genug, um als „Führungsleiste" dienen zu können. Wichtig ist, daß der Stab unverrückbar mit dem Körper verbunden ist. Am besten gelingt dies mit reichlich Heißkleber. Bei den Klebepistolen, die mit Niedrigtemperatur arbeiten, ist eine Verbrennungsgefahr nahezu ausgeschlossen, so daß ältere Kinder sachgerecht damit umgehen können. Der Heißkleber hat den Vorteil, daß man mit ihm den Stab nicht nur ankleben, sondern auch umgeben, also einbauen kann.
Neigung und Länge des Stabes richten sich jeweils nach der Größe des Kindes. Um einer Verletzungsgefahr vorzubeugen, sollten die Kanten des Stabes am Ende mit einem Cutter oder Schmirgelpapier abgerundet werden.

Ein Ziehtier muß gezogen werden

Für die Herstellung von Ziehtieren gelten alle Hinweise und Techniken, die schon bei den Schiebetieren beschrieben wurden. Für die Fortbewegung genügt ein reißfester Faden (z.B. Zwirn), der an einer geeigneten Stelle am Körper des Tieres fest verknotet wird. Das andere Ende des Ziehfadens liegt besser in einer kleinen Kinderhand, wenn es mit einer Perle oder Kugel „vergrößert" wird. Auch eine einfache Schlaufe der Ziehschnur erfüllt natürlich diesen Zweck.

Kartoffelkäfer Abb. 2. Umschlagseite

Material
Karton (z.B. Rückwand eines Zeichenblocks); Fotokarton: zitronengelb, gelb, rubinrot, schwarz; schwarzer Filzstift; 2 Holzkugeln (Durchmesser: 2,5 cm); 4 Holzkugeln (Durchmesser: 1,5 cm); 2 Rundstäbe (Durchmesser: 4 mm, Länge: 3,5 cm); 1 Rundstab (Durchmesser: 6 mm, Länge 6,5 cm); Holzleiste (0,5 cm x 1 cm x 100 cm); Säge; Cutter

Ausführung
Schneiden Sie den Körper des Käfers zweifach und den Kopf einfach aus Karton aus. Bekleben Sie die beiden Teile des Körpers jeweils an der Außenseite und den Kopf beidseitig mit gelbem Fotokarton. Die Flügeldecken und die 9 mm breiten Streifen für die Fühler werden aus zitronengelbem Fotokarton ausgeschnitten. Bevor Sie die Fühler am Ansatz ankleben, bringen Sie diese zum Einrollen, indem Sie die Streifen über die Kante eines Tisches oder einer Schere ziehen. Die schwarzen Streifen für die Flügel sowie die Augen werden aus Fotokarton ausgeschnitten. Rubinrote Kreise aus Fotokarton werden als „Wangen" und als Nase beidseitig aufgeklebt. Den Mund zeichnen Sie mit einem schwarzen Filzstift.
Durchbohren Sie die aufeinandergelegten Teile des Körpers mit einem spitzen Gegenstand an den drei auf dem Vorlagenbogen angegebenen Stellen. Das Loch am hinteren Ende des Körpers muß Spielraum für den Rundstab mit dem Durchmesser 6 mm lassen. Nach dem Bohren der Löcher kleben Sie beide Teile des Körpers mit dem Stab, an dem der Käfer geführt wird, und zwei zusätzlichen 8 cm langen Leistenstücken zusammen, die als „Abstandhalter" dienen und zugleich das Schiebetier stabilisieren. Der Kopf wird zwischen den Körperteilen befestigt.
Für die Füße des Käfers benötigen Sie verschiedene Holzkugeln. Die hinteren beiden Kugeln sind größer (Durchmesser: 2,5 cm) und stecken als Laufräder auf einem längeren Rundstab (Durchmesser: 6 mm). Die vier kleineren Kugeln stecken auf Rundstäben mit dem Durchmesser von 4 mm. Falls die Bohrung der Holzkugeln zu klein sein sollte, müssen Sie die Enden des Rundstabes mit einem Cutter zurechtschnitzen (dabei müssen Erwachsene helfen!). Als Abdeckung der Enden der Rundstäbe können kleine, aus schwarzem Fotokarton ausgeschnittene Kreise dienen.

Nilpferd

Material
Bristolkarton: weiß; 2 Bierdeckel; Holzleiste (0,5 cm x 1 cm x 100 cm); Fotokarton: kiesel, dunkelgrau; Buntpapier: schwarz; Musterbeutelklammer; schwarzer Filzstift; Säge

Ausführung
Sägen Sie von einer Holzleiste zwei ca. 4 cm lange Stücke ab. Diese Stücke dienen, neben dem Stab, an dem das Nilpferd geführt wird, als „Abstandhalter" der beiden Bauchteile zueinander. Der doppelt gefertigte Bauch besteht aus zwei Bierdeckeln, die mit dunkelgrauem Fotokarton beklebt werden. Die „Fußscheibe" mit den fünf Füßen wird aus Bristolkarton ausgeschnitten und mit kieselfarbenem Fotokarton verkleidet. Die schwarzen Zehen werden mit Filzstift aufgemalt. Durchbohren Sie einen Bauchteil an der auf dem Vorlagenbogen angegebenen Stelle, und stecken Sie eine Musterbeutelklammer hindurch. In der Mitte der „Fußscheibe" bohren Sie ein Loch, das so groß ist, daß die Laschen der Musterklammer Spielraum haben. Knicken Sie nach dem Aufstecken der „Fußscheibe" beide Laschen so um, daß die Scheibe sich ungehindert drehen kann. Kleben Sie nun beide Teile des Bauches mit dem Stab und den beiden anderen Leistenstückchen zusammen, wie auf dem Vorlagenbogen angegeben.

Den Schwanz schneiden Sie aus kieselfarbenem Fotokarton aus. Für den Hals brauchen Sie zwei 24 cm lange und 3 cm breite Streifen aus kieselfarbenem und dunkelgrauem Fotokarton, die Sie zu einer „Hexentreppe" falten. Die Enden werden aufeinandergeklebt, Überstände bündig abgeschnitten. An beiden Enden falten Sie ein Dreieck auf, mit dem Sie die „Hexentreppe" als Hals am Körper und am Kopf festkleben. Den Kopf schneiden Sie aus Bristolkarton aus und verkleiden ihn auf beiden Seiten mit kieselfarbenem Fotokarton. Zwischen den Kopf aus Karton und die Verkleidung wird das aufgebogene Dreieck der „Hexentreppe" eingeklebt. Maul und Nasenlöcher werden mit schwarzem Filzstift eingezeichnet. Das Innere der Ohren wird aus dunkelgrauem Fotokarton ausgeschnitten. Das aus schwarzem Buntpapier ausgeschnittene Auge kleben Sie auf einen etwas größeren Kreis aus kieselfarbenem Fotokarton.

Bär auf der Rolle

Material
Reborn-Karton: grau; 5 Bierdeckel; Plüsch: hellbraun, hellbeige; Moosgummi (2 mm): blau, marmoriert; Tonpapier: californiablau; 4 Moosgummi-Rädchen (Durchmesser: 20 mm) mit Ausstanzungen (Durchmesser: 5 mm); 2 Perlen: schwarz (Durchmesser: ca. 7 mm); 1 Perle: schwarz (Durchmesser: ca. 9 mm); Zwirn: schwarz; Holzleiste (0,5 cm x 1 cm x 100 cm); Rundstab (Durchmesser: 6 mm, Länge: 5 cm); Nähnadel

Ausführung
Schneiden Sie die Grundform für den Bären mit dem nach unten verlängerten Teil zweifach aus Reborn-Karton oder einem anderen beliebigen Karton aus. Bekleben Sie auf der jeweiligen Außenseite Kopf und Körper des Bären – mit Ausnahme der Schnauze! – so mit hellbraunem Plüsch, daß die Plüschhaare nach oben zeigen.
Um Kopf und Hals etwas von einander abzuheben, wird der Plüsch an der Halslinie entlang mit einer kleinen Schere gekürzt. Die Schnauze besteht aus hellbeigem Plüsch mit leicht gekürzten Haaren. Die Innenflächen der Ohren werden ebenfalls aus hellbeigem Plüsch ausgeschnitten und aufgeklebt. Nähen Sie je eine schwarze Perle als Auge auf.

Bevor Sie dann den Stab zwischen den beiden Bärenteilen ein- und die Grundformen aufeinanderkleben, befestigen Sie auf der Innenseite zur Verstärkung einen Bierdeckel so, daß dessen Mittelpunkt mit dem auf dem Vorlagenbogen angegebenen Punkt übereinstimmt. Überstände, die über dem unteren Rand hinausragen, werden bündig abgeschnitten. Eine größere schwarze Perle wird als Nase aufgenäht.
Für die beiden Räder werden je zwei Bierdeckel aufeinandergeklebt. Die Innenseiten werden mit blauem Tonpapier verkleidet. Zur Verkleidung der Außenseiten schneiden Sie aus blauem und marmoriertem Moosgummi je einen Kreis in der Größe eines Bierdeckels aus und zerschneiden jeden Kreis in acht Teile. Kürzen Sie jeweils die Spitze um ca. 3 mm und kleben die Achtel im Wechsel auf die Außenseiten der Bierdeckel.
Bohren Sie in der Mitte der Räder je ein Loch. Die Löcher sollten nur so groß sein, daß die Räder noch auf der Achse festsitzen. Das Loch in der Grundform des Bären muß etwas größer sein als der Durchmesser des Rundstabes. Schieben Sie den Stab durch das Loch in der Grundform und stecken anschließend die beiden verkleideten Bierdeckel auf die Enden des Rundstabes. Sichern Sie die Räder, indem Sie sie jeweils zwischen zwei Moosgummirädchen auf dem Rundstab fixieren.

Maulwurf

Material
Karton mit einer Wellpappeeinlage (Dicke: ca. 7 mm); Japanpapier: rosa; Tonpapier: schwarz; Nylonschnur; Rundstab (Durchmesser: 6 mm, Länge: 100 cm); Rundstab (Durchmesser: 4 mm, Länge: 4,5 cm); 2 Perlen (Höhe: ca. 4 mm); Bastelfarbe: schwarz; Cutter; Pinsel; Nähnadel

Ausführung
Für den Körper des Maulwurfs werden mit einem Cutter zwei Grundformen aus Karton ausgeschnitten, die nach dem Einkleben des Stabes, an dem der Maulwurf geführt wird, ganzflächig zusammengeklebt werden. Bevor Sie den Rundstab aufkleben, pressen Sie jeweils die Wellpappeeinlage des Kartons an der entsprechenden Stelle zusammen, indem Sie den Rundstab kräftig auf die jeweilige Innenseite der Grundform drücken. Dadurch entsteht auf dem Karton ein „Bett" für den Stab.
Durchbohren Sie den Körper nach dem Zusammenkleben an der auf dem Vorlagenbogen gekennzeichneten Stelle mit einem spitzen Gegenstand. In dem Loch sollte der Rundstab mit dem Durchmesser 4 mm etwas Spielraum haben. Für die beiden Räder schneiden Sie jeweils vier Kreise aus Karton aus, die Sie aufeinanderkleben. Im Mittelpunkt der ca. 14 mm dicken Räder bohren Sie ein Loch, so daß Sie den Rundstab von 4 mm Durchmesser gerade noch hineinschieben können, aber die letzte Kartonwand nicht durchstoßen wird.
Bevor Sie die Räder am Rundstab festkleben, bemalen Sie den Körper und die Räder mit schwarzer Bastelfarbe. Sobald die Farbe getrocknet ist, bringen Sie mit einem Cutter bei jedem Rad zwei sich gegenüberliegende Einschnitte an, in denen Sie den Ansatz der aus zwei Lagen rosafarbenem Japanpapier ausgeschnittenen und ganzflächig aufeinandergeklebten Füße fixieren. Zuletzt verbinden Sie Körper und Räder durch den Rundstab, wobei Sie auf jeder Seite eine Perle als „Abstandhalter" zwischen Körper und Rad einfügen.
Die Schnauze verkleiden Sie zweimal mit rosafarbenem Japanpapier. Das aus schwarzem Tonpapier ausgeschnittene Auge kleben Sie auf einen etwas größeren Kreis aus rosafarbenem Japanpapier. Mit einer Nadel werden einige Abschnitte einer Nylonschnur als Barthaare durch die Schnauze gezogen.

Hund

Material
3 Papprollen (1 x 7 cm lang, Durchmesser: 4,8 cm, Kopf; 1 x 13 cm lang, Durchmesser: 6,2 cm, Körper, 1 x 18 cm lang, Durchmesser: 2,8 cm, Schwanz); Holzleiste (0,5 cm x 1 cm x 100 cm); 2 Rundstäbe (Durchmesser: 6 mm, Länge: 13 cm); 4 Holzkugeln (Durchmesser: 3 cm); Karton; Fotokarton: schwarz, weiß, rubinrot; Plusterfarbe: weiß; Bastelfarbe: schwarz; Perle: schwarz; Faden: schwarz; (Borsten- und Haar-) Pinsel; Nähnadel; Fön

Ausführung
Durchbohren Sie die Papprolle für den Körper jeweils 3 cm vom Rand entfernt so, daß die durchgeführten Rundstäbe etwas Spielraum haben. Weiten Sie dafür die Löcher, indem Sie z.B. einen Bleistift mehrmals im Loch herumdrehen.
Schieben Sie den Stab, an dem der Hund geführt wird, durch ein Loch in der Papprolle für den Körper schräg in das Innere, und kleben Sie diesen unten und oben mit reichlich Heißkleber im Inneren der Röhre fest.
Über diesen Stab stecken Sie die Papprolle mit dem kleinsten Durchmesser. Schrägen Sie die Rolle an einer Seite so ab, daß sie mit dem Rand am Körper aufliegt.

Aus dem 7 cm langen Abschnitt einer Papprolle schneiden Sie das Maul des Hundes aus. Der Hinterkopf sowie das vordere und hintere Ende des Körpers werden mit Karton beklebt.
Anschließend werden alle drei Teile des Hundes mit weißer Plusterfarbe betupft. Benützen Sie dazu am besten einen Borstenpinsel. Fönen Sie die bemalten Flächen nach dem Trocknen so lange, bis die Farbe richtig „aufgeht". Wer keine Plusterfarbe zur Hand hat, kann die Papprollen auch mit einem Rest Strukturtapete bekleben. Mit einem Haarpinsel und Bastelfarbe werden schwarze Punkte aufgesetzt sowie das Innere des Kopfes ausgemalt.
Die Augen bestehen aus zwei unterschiedlich großen Kreisen aus schwarzem und weißem Fotokarton, die Ohren und die Zunge werden ebenfalls aus Fotokarton ausgeschnitten und aufgeklebt. Für den Hals falten Sie zwei 2 cm breite und 15 cm lange Streifen aus weißem Fotokarton zu einer „Hexentreppe". Kleben Sie jeweils die Enden der Streifen aufeinander, und biegen Sie die Quadrate etwas rund, bevor Sie Körper und Kopf durch den beweglichen Hals verbinden. Eine schwarze Perle wird mit einem Faden als Nase aufgenäht.
Auf die beiden durch den Körper geführten Rundstäbe stecken Sie vier Holzkugeln als Füße auf.

Katze

Material

Reborn-Karton: gelb; Seidenpapier: gelb, rot; Fotokarton: schwarz, maisgelb; Langhaar-Plüsch: kupfer; Papptüte (z.B. von passierten Tomaten; Maße hier: 9,5 cm x 6,2 cm, Höhe: ca. 8,5 cm); 2 Rundstäbe (Durchmesser: 6 mm, Länge: 12 cm); 4 Holzkugeln (Durchmesser: 3 cm); Holzleiste (0,5 cm x 1 cm x 100 cm); 2 Glasaugen (Durchmesser: 8 mm); schwarzer Filzstift; Nylonschnur; Nähnadel

Ausführung

Kürzen Sie eine Papptüte auf eine Höhe von ca. 8,5 cm. Bekleben Sie die Außenseiten mit rotem und anschließend mit gelbem Seidenpapier. Wenn Sie die Seiten satt mit einem Klebestift bestreichen, können Sie das Seidenpapier auf der noch feuchten Klebefläche zu kleinen Falten ziehen und dadurch die Fläche strukturieren. Drücken Sie anschließend die eine Seite der Papptüte zusammen.

Kleben Sie den Stab, an dem die Katze geführt wird, so ein, daß er schräg aus der hinteren, oberen Ecke des Katzenkörpers ragt. Sie müssen ihn dabei am Boden und an den Innenseiten der Tüte kräftig mit Heißkleber fixieren. Um die Klebekante zu verschönern, können Sie ein weiteres oval zugeschnittenes, gelbes Seidenpapier über den Katzenrücken kleben.

Einige Flecken aus kupferfarbenem Langhaar-Plüsch werden in Abständen um die Rückenkante und auf den Bauch geklebt.

Jeweils in den unteren Ecken der Tüte werden ausreichend große Löcher für die beiden Rundstäbe gebohrt, auf die vier Holzkugeln als Räder aufgesteckt werden.

Bekleben Sie nun ein Stück gelben Reborn-Karton einseitig mit gelbem Seidenpapier, schneiden Sie die Form für den Schwanz aus, prägen Sie die Knicklinien vor, und kleben Sie den Karton als Schwanz zusammen. Der Schwanz wird über die Holzleiste geschoben und ebenfalls mit Streifen aus Langhaar-Plüsch beklebt.

Der Kopf, das Innere der Ohren und die Schnauze bestehen aus gelbem Reborn-Karton, der mit gelbem Seidenpapier faltenreich beklebt wird. Um die Schnauze vom Kopf abzuheben, wird dieser zuvor noch mit rotem Seidenpapier grundiert. Bevor Sie die Schnauze aufkleben, ziehen Sie mit Hilfe einer Nähnadel einige Abschnitte einer Nylonschnur als Barthaare durch den Karton, zeichnen den Mund mit Filzstift ein und kleben eine Nase aus schwarzem Fotokarton auf. Über der Schnauze befestigen Sie die Glasaugen. Drei kleine Stückchen Langhaar-Plüsch werden zu Kopfhaaren.

Damit der Kopf wackeln kann, wird er mittels einer „Hexentreppe" mit dem Körper verbunden. Für die „Hexentreppe" benötigen Sie zwei 1,5 cm breite und 10 cm lange Streifen aus maisgelbem Fotokarton. Die Enden werden jeweils zusammengeklebt und Überstände bündig abgeschnitten, bevor die „Hexentreppe" als Hals in Höhe der Schnauze auf der Rückseite des Kopfes und an der oberen Ecke des Körpers befestigt wird.

Frösche

Material
2 Bierdeckel; Reborn-Karton: gelb; Fotokarton: grasgrün, dunkelgrün, schwarz; 2 Holzkugeln (Durchmesser: 3 cm), 2 Holzkugeln (Durchmesser: 2,5 cm); 2 Rundstäbe (Durchmesser: 6 mm, Länge: 15 cm); 2 Rundstäbe (Durchmesser: 4 mm, Länge: 5 cm); 2 Flaschen-Schraubverschlüsse; 2 Holzperlen (Bohrung: größer als 4 mm!); schwarzer Filzstift; Zwirn: grün

Ausführung
Für den großen Frosch werden beide Seiten der Bierdeckel mit dunkelgrünem Fotokarton verkleidet. Kleben Sie aus vier 5 x 6 cm großen Rechtecken quaderförmige Röhren (siehe Vorlagenbogen!). Durch zwei dieser Röhren werden die Rundstäbe geführt. Sie werden hinten und vorne zwischen die Bierdeckel eingeklebt, die anderen beiden werden als zusätzliche „Abstandhalter" zur Stabilisierung mit etwas Abstand parallel zu diesen befestigt. Auf die 15 cm langen Rundstäbe schieben Sie zwei Holzkugeln mit Durchmesser 3 cm für die vorderen Füße und zwei mit dem Durchmesser 2,5 cm für die hinteren Füße.
Das Teil für den Hals wird aus dunkelgrünem Fotokarton gefaltet und auf den Bierdeckel geklebt. Der Kopf aus grasgrünem Fotokarton wird mit Augen aus dunkelgrünem und schwarzem Fotokarton beklebt, Mund und Nasenlöcher werden mit schwarzem Filzstift eingezeichnet. Je nach Belieben kann der Kopf etwas schräg auf den Hals gesetzt werden.
Jedes Bein aus grasgrünem Fotokarton wird über die Tischkante gezogen, damit es sich einrollt, und nach dem Abknicken des Fußes so am Ansatz auf den Bierdeckel geklebt, daß der Fuß über der Holzkugel liegt. Biegen Sie auch den Fuß etwas rund, damit er nicht direkt auf der Kugel aufliegt. Die Ziehschnur wird durch den unteren Bierdeckel geführt und verknotet.
Die kleinen Frösche bestehen aus Schraubverschlüssen, an deren unteren Rändern mit einem spitzen Gegenstand jeweils zwei Löcher so gebohrt werden, daß die Öffnungen sich genau gegenüber liegen und die 5 cm langen Rundstäbe noch festsitzen. Schieben Sie den Rundstab jeweils durch das erste Loch, dann durch die Perle, so daß diese unter dem Deckel bleibt, und führen Sie den Stab durch das zweite Loch. Die Perle muß so groß sein, daß der Schraubdeckel nicht mehr ganz auf dem Boden aufliegt. Dadurch rollen die Frösche und wackeln von einer Seite zur anderen.
Die Oberseite der Schraubdeckel wird jeweils mit einem Kreis aus grasgrünem Fotokarton beklebt. Kopf und Beine der Frösche bestehen ebenfalls aus grasgrünem Fotokarton. In die aufgeklebten Augenkreise, die aus dunkelgrünem Fotokarton ausgeschnitten werden, zeichnen Sie mit schwarzem Filzstift Pupillen ein.
Der Hals wird zweimal geknickt und am Ansatz auf dem Deckel festgeklebt. Das Mittelstück der vier Beine wird jeweils rund gebogen, bevor die Beine am Ansatz am Körper befestigt werden.
Durch kleine Löcher am unteren Rand der Schraubdeckel werden Zwirnfäden gezogen und verknotet, mit denen die Verbindung zwischen den Fröschen hergestellt wird.

Schnecke

Material
4 Bierdeckel; Bristolkarton: weiß; Tonpapier: schwarz, dunkelgrün, verschiedene Farben; Fotokarton: ocker, türkis; 4 Moosgummirädchen: gelb (Durchmesser: 2 cm), mit Ausstanzung von 5 mm Durchmesser; Rundstab (Durchmesser: 6 mm, Länge: 3,3 cm); Holzleiste (0,5 cm x 1 cm x 100 cm); schwarzer Filzstift; 2 Perlen; Draht; Zange

Ausführung
Schneiden Sie die Grundform für die Schnecke zweimal aus Bristolkarton aus, und bekleben Sie diese jeweils an der Außenseite mit ockerfarbenem Fotokarton, bevor Sie beide Formen aufeinanderkleben. Dabei fassen Sie die aus türkisfarbenem Fotokarton ausgeschnittenen Fühler und die Holzleiste als Stab, an dem die Schnecke geführt wird, mit ein.
Mund und Nasenlöcher werden mit einem schwarzen Filzstift eingezeichnet. Für das Auge bekleben Sie jeweils einen türkisfarbenen Kreis mit einem etwas kleineren Kreis aus schwarzem Tonpapier.
Bohren Sie durch die Grundform für das Schneckenhaus an der auf dem Vorlagenbogen angegebenen Stelle ein kleines Loch und ein größeres für den Rundstab am unteren Rand. Auf die Enden des Rundstabes schieben Sie jeweils zwei Rädchen aus Moosgummi. Für das Schneckenhaus benötigen Sie je zwei aufeinandergeklebte Bierdeckel, die Sie jeweils auf der Innenseite mit Bristolkarton und auf der Außenseite mit dunkelgrünem oder andersfarbigem Tonpapier bekleben. Die Außenseite wird zusätzlich mit verschiedenfarbigen Feldern aus Tonpapier verziert.
Die beklebten Bierdeckel für das Schneckenhaus werden im Mittelpunkt durchbohrt und mit einem Draht und je einer Perle als Abschluß mit dem Körper verbunden. Es ist bei diesem Modell sehr wichtig, daß Sie exakt arbeiten, denn die Schneckenhäuser müssen auf den Laufrädern aufliegen, damit sie sich drehen, wenn die Schnecke geschoben wird.
Tip: Wenn Sie mit kleineren Kindern basteln, können Sie auch die Außenseiten des Schneckenhauses mit Bristolkarton bekleben und in Fingerdrucktechnik mit Fingerfarben bedrucken.

Seehund

Material
Reborn-Karton: blau; Moosgummi (2 mm): hellblau, jade; Tonpapier: schwarz, weiß; 8 Moosgummi-Rädchen (Durchmesser: 20 mm): blau; 4 Rundstäbe (Durchmesser: 6 mm, Länge: 5,5 cm); Zwirn: blau; Nylonschnur; Watte; Nähnadel; Klebeband; Lochzange; Bleistift; schwarzer Filzstift

Ausführung
Schneiden Sie das Vorder- und das Hinterteil des Seehundes je zweimal aus blauem Reborn-Karton aus, und bekleben Sie den Karton jeweils auf einer Seite mit hellblauem Moosgummi. Legen Sie die zusammengehörigen Teile aufeinander, und stanzen Sie mit einer Lochzange an den auf dem Vorlagenbogen angegebenen Stellen Löcher für die Rundstäbe. Die Rundstäbe sollen genügend Spielraum haben. Kleben Sie anschließend die beiden Teile im oberen Drittel, also im Bereich des Kopfes und des Rückens sowie am Schwanz, zusammen. Nach dem Abbinden des Klebstoffes biegen Sie die Teile unten etwas auseinander.
Aus einem 2 cm breiten Streifen Reborn-Karton, den Sie zunächst über eine Tischkante ziehen und anschließend um einen Bleistift zu einer Rolle kleben, stellen Sie vier Rollen her, die auf die vier Rundstäbe gesteckt werden. Sie können diese zur Sicherheit mit einem Streifen Klebeband umwickeln. Sie dienen zugleich als „Abstandhalter" für den Raum zwischen den Körperteilen. Damit der Körper seine Form behält, können Sie möglichst weit oben etwas Watte in den Hohlraum stopfen.
Auf die Enden der Rundstäbe stecken Sie Rädchen aus Moosgummi auf. Der Seehund erhält „Wangen" und Flossen aus jadefarbenem Moosgummi. Biegen Sie die Flossen mehrmals rund, bevor Sie diese am Ansatz festkleben. Bemalen Sie die Nase mit einem schwarzen Filzstift, und zeichnen Sie den Mund ein. Die Augen bestehen aus zwei unterschiedlich großen Kreisen aus schwarzem und weißem Tonpapier. Als Barthaare stechen Sie fünf Abschnitte von einer Nylonschnur durch die Schnauze.
Verbinden Sie Vorder- und Hinterteil des Körpers an zwei Stellen so mit Zwirn, daß ein Abstand von ca. 2 cm bleibt.
Verknoten Sie den Ziehfaden mit einem kleinen Stückchen Reborn-Karton, das Sie dann von innen am Hals einkleben.

Pinguin-Drehscheibe

Material
fester Karton; Fotokarton: dunkelblau, hellblau, weiß, schwarz; Moosgummi (2 mm): schwarz, weiß, orange; Holzleiste (0,5 cm x 1 cm x 100 cm); 2 Knöpfe; Draht; Klebeband; Kuchenteller; Cutter; Säge; Zange; schnittfeste Unterlage

Ausführung
Legen Sie zweimal einen Kuchenteller umgekehrt auf einen Karton, und schneiden Sie mit einem Cutter (= Universalschneider) am Tellerrand entlang zwei Kreise aus. Beide Kreise werden ganzflächig aufeinandergeklebt und mit dunkelblauem oder hellblauem Fotokarton verkleidet. Bekleben Sie Vorder- und Rückseite mit Eisschollen aus weißem Fotokarton, und bohren Sie in der Mitte der Scheibe ein Loch.
Die Grundform des Pinguins wird aus Karton ausgeschnitten und auf der Vorderseite mit weißem und orangefarbenem Moosgummi beklebt. An der auf dem Vorlagenbogen angegebenen Stelle bohren Sie ein kleines Loch, durch das Sie die zwei durch die Löcher des kleinen Knopfes gezogenen Enden eines Drahtes stecken. Der Knopf wird durch das anschließend aufgeklebte schwarze Moosgummiteil (= Kopf mit Flügel- und Rückenpartie) verdeckt. Ein Auge aus zwei unterschiedlich großen Kreisen aus schwarzem und weißem Fotokarton vervollständigt den Pinguin.
Sägen Sie ein ca. 6 cm langes Stück von der Holzleiste ab, und schneiden Sie zwei Kreise mit dem Durchmesser 4,5 cm aus Karton aus. Befestigen Sie das kleine Stück der Holzleiste und den Stab, an dem der Pinguin geführt wird, so an der Rückseite des Pinguins, wie auf dem Vorlagenbogen angegeben. Zur Sicherheit können Sie zusätzlich einige Streifen Klebeband darüberkleben. Die zwei aus der Rückseite des Pinguins ragenden Drähte werden jeweils durch den Mittelpunkt der beiden Kreise mit dem Durchmesser 4,5 cm und anschließend durch die große Scheibe geführt. Auf der Rückseite ziehen Sie die Drähte wieder durch einen kleinen Knopf und verdrehen die Enden mit einer Zange fest miteinander.
Wenn Sie die Scheibe auf dem Boden aufsetzen und schieben, dreht sie sich, und es sieht so aus, als ob der Pinguin über die Eisschollen wandern würde.

Igel

Material
4 Holzräder (Durchmesser: 30 mm, Bohrung: 3 mm, Dicke: 10 mm); Schaschlikspieß; Reborn-Karton: gelb, rot; Wellpappe; Karton mit doppelter Wellpappeneinlage; Buntpapier: weiß, schwarz; schwarzer Filzstift; Holzleiste (0,5 cm x 1 cm x 100 cm)

Ausführung
Schneiden Sie die Grundform für den Igel zweifach aus gelbem Reborn-Karton aus. Bevor Sie die Teile aufeinanderkleben, fixieren Sie den Stab, an dem der Igel geführt wird, und zwei aufeinandergeklebte Streifen Karton, die am unteren Rand plaziert werden (siehe Vorlagenbogen!). Bohren Sie am unteren Rand zwei Löcher, die so groß sind, daß die Stücke des Schaschlikspießes guten Spielraum haben.
Auf jeder Seite des Igels werden vier immer kleiner werdende und zackig zugeschnittene Teile aus Wellpappe als Stacheln aufgeklebt. Von Lage zu Lage wechselt die Laufrichtung der Rillen in der Wellpappe zwischen senkrecht und waagrecht.
Mit Filzstift wird der Mund eingezeichnet, der in roten „Wangen" aus Reborn-Karton endet. Die schwarze Pupille wird auf einen etwas größeren Kreis aus weißem Buntpapier geklebt. Die Nase schneiden Sie ebenfalls aus glänzendem schwarzem Buntpapier aus.
Die vier Holzräder befestigen Sie an zwei 4,5 cm langen Abschnitten eines Schaschlikspießes, nachdem Sie diese durch die Löcher am unteren Rand der Grundform geführt haben.
Die aus gelbem Reborn-Karton ausgeschnittenen Füße werden mit Hilfe einer Scherenkante eingerollt und so auf die Holzräder geklebt, daß die Spitzen nach hinten zeigen und die lange, gerade Kante auf der Körperseite mit dem Rad abschließt. Die Spitzen der Zehen werden mit einem schwarzen Filzstift aufgemalt.

Papagei

Material
10 Bierdeckel; Reborn-Karton: gelb, grün, blau, rot, flieder; Moosgummi (2 mm): schwarz; Tonpapier: weiß, schwarz; Rundstab (Durchmesser: 6 mm, Länge: 8 cm); Holzleiste (0,5 cm x 1 cm x 100 cm); 2 Plastikringe mit einem etwas größeren Durchmesser als der Rundstab; schwarzer Filzstift

Ausführung
Kleben Sie je vier Bierdeckel ganzflächig aufeinander, bekleben Sie diese einseitig mit gelbem Reborn-Karton, und bohren Sie in der Mitte jeweils mit einem spitzen Gegenstand ein so großes Loch, daß sich der Rundstab mit leichtem Widerstand hindurchschieben läßt. Diese beiden Räder werden nach dem Zusammenbau des Papageis jeweils mit einem blauen und einem kleineren grünen Streifen Reborn-Karton umklebt, der jeweils an einer Längsseite federnförmig eingeschnitten wird. Diese Federn werden mit Hilfe der Rückenkante einer Schere leicht zum Einrollen gebracht.
Für den Papagei nehmen Sie zwei aus rotem Reborn-Karton ausgeschnittene Grundformen, die Sie jeweils auf der Außenseite mit dem fliederfarbenen Kopfteil und den blauen Flügeln aus Reborn-Karton bekleben. Innen kleben Sie je einen Bierdeckel zur Verstärkung der Form am Unterbauch auf. Überstände schneiden Sie jeweils bündig ab.
Legen Sie beide Formen aufeinander, und durchbohren Sie diese mit einem spitzen Gegenstand an der auf dem Vorlagenbogen angegebenen Stelle so, daß der Rundstab einen guten Spielraum hat. Kleben Sie die Holzleiste zwischen beide Grundformen ein. Kopf und Brust der beiden Teile werden anschließend aufeinandergeklebt.
Im nächsten Schritt kleben Sie auf beiden Seiten des Papageis die aus Moosgummi ausgeschnittenen beiden Unterteile des Schnabels fest, die im vorderen Bereich aufeinandergeklebt werden, bevor Sie, etwas überlappend, die beiden Schnabeloberteile an- bzw. aufeinanderkleben. Das weiße Auge aus Tonpapier wird mit einem schwarzen Filzstift umrahmt und mit einer schwarzen Pupille aus Tonpapier beklebt.
Papagei und Räder werden zuletzt in folgender Reihenfolge zusammengefügt: Rad (der Rundstab steht ca. 2 cm weit über), „Abstandhalter" (Plastikring o. ä.), Papagei, „Abstandhalter", Rad. Einzelne aus rotem und blauem Reborn-Karton ausgeschnittene „Schwanzfedern" werden zum Schluß angeklebt.

Drache

Material
Reborn-Karton: rot, grün; Fotokarton: rubinrot, schwarz; 2 Holzräder (Durchmesser: 50 mm, Bohrung: 4 mm, Dicke: 10 mm); schwarzer Filzstift; Plastiktrinkhalm (Durchmesser: 5 mm, Länge: 5,3 cm); Rundstab (Durchmesser: 4 mm, Länge: 7,3 cm); 4 Holzstücke (Länge: ca. 6 cm, Höhe: 8 mm, Breite: ca. 2 mm oder mehr); Holzleiste (0,5 cm x 1 cm x 100 cm); 2 Pinnwandnadeln; 2 Stücke Korken (Höhe: 2,5 mm); Zange

Ausführung
Der Körper des Drachen besteht aus sechs Lagen, die mit Hölzchen als „Abstandhalter" zusammengefügt werden. Je zwei der größten und kleinsten Körperlagen werden aus rotem Reborn-Karton ausgeschnitten, das Mittelstück wird zweimal aus rubinrotem Fotokarton ausgeschnitten. Legen Sie alle Lagen aufeinander, und bohren Sie an der auf dem Vorlagenbogen angegebenen Stelle mit einem spitzen Gegenstand ein Loch, so groß, daß Sie den Plastiktrinkhalm gerade hindurchschieben können. Durch diesen wird später der Rundstab als Achse der Räder geschoben.

Die sechs Lagen des Körpers werden wie folgt zusammengefügt: Zwischen die beiden größten Teile wird die Holzleiste als Stab, an dem der Drache geführt wird, eingeklebt. Die immer kleiner werdenden Lagen werden mit Hilfe von Holzstückchen, die waagrecht über dem gebohrten Loch fixiert werden, aufeinandergeklebt. Wenn Sie dabei einen Trinkhalm oder Rundstab in den Löchern stecken lassen, können die Teile nicht verrutschen. Zweckmäßig ist es für diesen Klebevorgang, die unterste, kleinste Lage waagrecht auf die Arbeitsplatte zu legen – der Rundstab steht dann senkrecht! – und einen „Abstandhalter" aufzukleben. Bestreichen Sie das Holzstück beidseitig mit Klebstoff, bevor Sie die nächste Lage auf den Stab schieben, bis sie auf dem „Abstandhalter" aufliegt. Sobald alle Lagen aufeinander befestigt sind, stecken Sie den Trinkhalm *und* den Rundstab durch die Löcher und drehen die Holzräder auf die Enden der Achse.

Zwei aus grünem Reborn-Karton ausgeschnittene Füße werden über die Tischkante gezogen, damit sie sich einrollen. Die Zehenspitzen malen Sie mit schwarzem Filzstift, bevor Sie die Füße so am Holzrad befestigen, daß die Zehen nach hinten zeigen.

Der Kopf wird zweifach aus rotem Reborn-Karton ausgeschnitten und nach dem Einkleben von zwei 10-Pfennig-Stücken am unteren Rand zusammengeklebt. Mit Filzstift kennzeichnen Sie das Ende des Mauls mit einem kleinen Rundbogen. Das Auge aus rubinrotem Fotokarton erhält eine schwarze Pupille. Als Nasenlöcher werden rubinrote Teile aus Fotokarton aufgeklebt. Der Hals kann zwischen die beiden größten Lagen des Körpers fest eingeklebt oder so befestigt werden, daß er vor- und zurückschwingen kann. Für den beweglichen Kopf müssen Sie zwei kleine Korkstücke jeweils an der Innenseite der zweiten Zacke von vorne anbringen. Stechen Sie eine Pinnwandnadel von außen durch die Zacke und den Kork, durch den Hals des Drachen und anschließend durch den anderen Korken wieder nach außen. Mit Hilfe einer Zange lösen Sie den Kopf von einer zweiten Pinnwandnadel ab und stecken diesen auf die Spitze der herausragenden Nadel.

Clown im Karren

Material
Pappdose (Durchmesser: 7,5 cm, Höhe: 12 cm, z.B. von Fertig-Teegetränken, 400 ml); Karton; 4 Bierdeckel; Rundstab (Durchmesser: 6 mm, Länge: 13 cm); Holzleiste (0,5 cm x 1 cm x 100 cm); Fotokarton: hellbraun, braun, schwarz, türkis, violett, rosa; Tonpapier: weiß; Seidenpapier: weiß; schwarzer Filzstift; Perle: weiß (Durchmesser: ca. 11 mm); Zwirn: weiß; Nähnadel

Ausführung
Bekleben Sie die Dose mit einem 9 x 12 cm großen Stück aus türkisfarbenem Fotokarton. Diese Fläche stellt den Körper des Clowns dar. Die restliche Fläche verkleiden Sie mit einem 17 x 12 cm großen Rechteck aus hellbraunem Fotokarton. Das ergibt den Karren. Acht 17 cm lange und ca. 8 mm breite Streifen aus braunem Fotokarton werden in Abständen auf die braune Fläche geklebt, je ein dunkelbrauner Querstreifen bildet den Abschluß.
Schneiden Sie an der Oberseite, ca. 1,5 cm vom Dosenrand entfernt, ein Loch für den Stab ein, an dem der Karren geführt wird. Schieben Sie die Holzleiste schräg durch dieses Loch. Kleben Sie die Leiste mit Heißkleber dort fest, wo sie auf die Innenwand trifft und an der Stelle, an der sie in das Innere der Dose eintritt.
Die Löcher für die Achse werden etwa in der Mitte der unteren Hälfte des Wagens mit ca. 5 cm Abstand von einander mit einem spitzen Gegenstand gebohrt. Die Beweglichkeit des Rundstabes (= Achse) darf durch den Stab nicht beeinträchtigt werden.
Boden und Deckel der Dose werden nun mit je einer Kartonscheibe beklebt, um die Vertiefungen zu verdecken. Dann bekleben Sie diese bis zum „Karrenrand" mit hellbraunem, im oberen Drittel mit türkisfarbenem Fotokarton.
Einige aus violettem Fotokarton ausgeschnittene Kreise und der über den Stab geschobene Kragen verschönern das Gewand des Clowns. Die Hände aus rosafarbenem Fotokarton werden jeweils zwischen zwei violette Ärmelteile eingeklebt. Diese werden am Ansatz seitlich über dem Rand des Karrens befestigt. Für die Beine falten Sie aus je zwei 50 cm langen und 3 cm breiten Streifen aus türkisfarbenem Fotokarton „Hexentreppen", kleben jeweils die letzten Faltungen aufeinander und schneiden die Überstände bündig ab. Knicken Sie jeweils an einem Ende ein Dreieck auf, mit dem Sie die „Hexentreppen" an der Dose ankleben. Am anderen Ende werden die aus schwarzem Fotokarton ausgeschnittenen Füße angebracht.
Der aus Karton ausgeschnittene Kopf wird beidseitig mit rosafarbenem Fotokarton verkleidet. Dabei werden am oberen Rand mehrere Lagen weißes Seidenpapier mit eingefaßt, das fein eingeschnitten wird. Der Mund wird mit Filzstift auf die weiße Fläche aus Tonpapier gezeichnet, die dreieckige Augenpartie wird mit schwarzen Augen aus Fotokarton beklebt. Als Nase wird eine weiße Perle angenäht. Zum Schluß wird das Gesicht etwas schräg am Stab befestigt.
Die Räder bestehen aus je zwei zusammengeklebten Bierdeckeln, die mit hellbraunem Fotokarton verkleidet werden. An den Außenseiten werden sie mit acht Flächen aus schwarzem Fotokarton beklebt. Das Loch in der Mitte eines Rades sollte so groß sein, daß der Rundstab festsitzt. Um das Rad zusätzlich zu stabilisieren, werden für jedes Rad zwei weitere kleine Scheiben aus Karton ausgeschnitten, zusammengeklebt, mit braunem Fotokarton verkleidet, auf den Rundstab geschoben und am Rad festgeklebt.

CHRISTOPHORUS FREIZEIT KREATIV

DAS SIND UNSERE BELIEBTEN UND ERFOLGREICHEN REIHEN:

BASTEL-, SPIEL- & WERKBÜCHER

MALEN WIE DIE MEISTER

KUNSTWERKSTATT SEIDE

HOBBY UND WERKEN

BRUNNEN-REIHE

KOMPAKTKURSE MALEN UND ZEICHNEN

SEIDENMALEREI – SO GEHT'S

AQUARELLMALEREI – SO GEHT'S

KLEINE MALSCHULE

KLEINE ZEICHENSCHULE

EDITION ZWEIGART (KREUZSTICH)

Lernen Sie diese Bücher kennen.
So einfach ist es: Schicken Sie eine Postkarte an den

CHRISTOPHORUS-VERLAG,
Hermann-Herder-Straße 4, 79104 Freiburg
Oder rufen Sie uns an: Telefon 07 61/2 71 72 62
Fax 07 61/2 71 73 52
UNSER KATALOG KOMMT POSTWENDEND.

© 1995 Christophorus-Verlag GmbH
Freiburg im Breisgau

Alle Rechte vorbehalten –
Printed in Germany

ISBN 3-419-55755-8

Jede gewerbliche Nutzung der Arbeiten und Entwürfe ist nur mit Genehmigung der Urheberin und des Verlages gestattet.
Bei Anwendung im Unterricht und in Kursen ist auf dieses Heft der Brunnen-Reihe hinzuweisen.

Styling und Fotos: Roland Krieg, Waldkirch
Reinzeichnungen Vorlagenbogen:
Ingrid Moras
Umschlaggestaltung: Michael Wiesinger
Reproduktionen: Scan-Studio Hofmann,
Gundelfingen
Herstellung: Freiburger Graphische
Betriebe 1995